Ein Bilderbuch zum Lesenlernen

Jonas geht in die Schule

Mit Bildern von Dagmar Geisler
Erzählt von Rosemarie Künzler-Behncke

Ravensburger Buchverlag

 das ist Jonas. Er geht gern in die . Nur heute läuft alles schief. Als der klingelt, steckt seine ins und schläft weiter. Da zieht Mama ihm die weg. „Schnell, schnell! Sonst kommst du zu spät!" Am reißt ein ab. Der von der klemmt.

Ein  vom  reißt ab.
 spritzt ihm ins . Am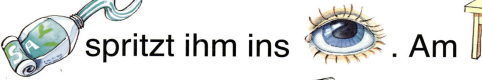
kippt der  mit  um.
 stampft mit dem auf –
der  genau auf den .

Verflixt! Wo ist der ?

Ach, da hinter dem .

 knallt die  hinter sich zu.

Er rutscht auf dem

nach unten.

Draußen am 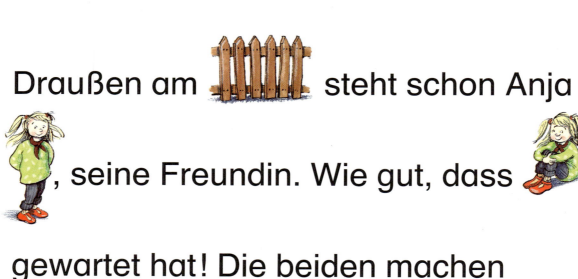 steht schon Anja, seine Freundin. Wie gut, dass gewartet hat! Die beiden machen alles zusammen: auf der rutschen, auf der wippen oder eine bauen.

Und morgens laufen sie

in  zur .

Ihre 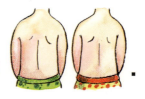 tanzen auf den .

Am  müssen die

warten.

Da ist die . Gerade läutet die . Die Lehrerin, Frau , steht vorne an der .  und  setzen sich nebeneinander auf ihre . Alle  singen: „, du hast die gestohlen."

Dann dürfen sie malen.  sucht seinen 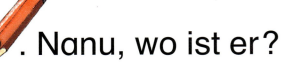. Nanu, wo ist er? In der !

Der ✏️ ist abgebrochen.

Wo ist der 🖊️? Na endlich – zwischen den 📚. 👦 malt eine 🦆. „Mal mir auch eine!", sagt 👧. Aber 👦 schüttelt den 🗣️. Da malt der 🦆 von 👦 eine 👓 und einen braunen 〰️. 👧 findet das lustig und kichert. Aber 👦 ärgert sich ziemlich.

Was fällt denn jetzt 🧒 ein?

Er kippt den 🎒 von 👧 aus.

📚, drei 🔵, zwei 🍬

und ein 🔴 kullern heraus.

„Du bist vielleicht blöd!", sagt 👧.

„Das war meine 🦆!", sagt 🧒.

„Du bist gemein!"

Als es läutet, nimmt  den  von  mit. Er will draußen mit  spielen. Aber  hüpft lieber mit dem .

Da schießt den von

gegen die . Pang! Pang!

Immer höher. Plötzlich fliegt der

über die . Nein! Halt!

 kneift die   zu.

Wäre er doch nur auf dem !

Na, den 🔴 natürlich! Da läutet es.

Die 👧👦👧 stürmen mit ihren 🎒🎒

aus der 🏫. „Wo ist mein 🔴?",

fragt 👧. „Über die 🛋️ geflogen!",

sagt 👦. „Du hast wohl nicht mehr

alle ☕☕ im 🗄️!",

schreit 👧. Sie streckt 👦

die 👅 raus und rennt davon.

👦 tut der 🎒 weh.

Streiten mit 👧 ist gar nicht schön.

 muss den finden! Hinter der  fängt der an. sucht zwischen den . Nichts! Er sucht unter den . Da liegen nur leere  und .

Ob der  in den  gefallen ist? Da kommt ein großer  angelaufen. Und was hat er im 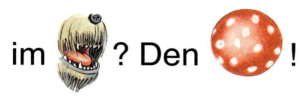? Den !

 hält dem  sein

 hin. Plötzlich lässt der

den fallen. Er saust mit

dem leckeren im  davon.

Hurra! möchte die ganze

 umarmen. Er wischt den

mit seinem ab. Dann

klemmt er den unter den

und läuft zu dem , in dem

 wohnt.

 klingelt. Da geht auch schon

die auf. Und  steht vor

ihm. Ihre  fallen auf

den .  lacht.

Dann nimmt sie den in die

 und hüpft vergnügt von einem

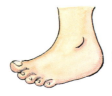 auf den anderen.

„Danke, ! Du bist lieb!",

sagt  und lächelt.

Ihre strahlen  an.

 fühlt sich wie ein .

Sein klopft wie wild.

 tanzen in seinem .

Plötzlich merkt , dass die

scheint und die  singen.

Und morgen kann wieder

 in  mit in die

gehen.

Die Wörter zu den Bildern:

Jonas	Reißverschluss
Schule	Hose
Wecker	Schnürsenkel
Nase	Schuh
Kissen	Zahnpasta
Mama	Auge
Decke	Tisch
Pullover	Becher
Knopf	Milch

Fuß	Wippe
Katze	Burg
Schwanz	Hand
Ranzen	Rücken
Schrank	Zebrastreifen
Tür	Autos
Treppengeländer	Glocke
Zaun	Vogel
Anja	Tafel
Rutsche	Stühle

Kinder    Schnurrbart

Fuchs    Bücher

Gans   Murmeln

Bleistift   Bonbons

Frühstücks-
dose    Ball

Spitzer   Springseil

Hefte    Mauer

Ente   Mond

Kopf   Buchstaben

Brille   Huhn

Schwein 	Hund 
Tassen 	Maul
Zunge	Schulbrot
Bauch	Welt
Park 	Taschentuch
Bäume	Arm
Büsche 	Haus 
Flaschen 	König 
Zeitungen	Herz
Teich 	Schmetterlinge

Sonne

Die Deutsche Bibliothek - CIP-Einheitsaufnahme

Jonas geht in die Schule / mit Bildern von Dagmar Geisler.
Erzählt von Rosemarie Künzler-Behncke. [Red.: Karin Amann]. -
Ravensburg : Ravensburger Buchverl., 1998
(Ein Bilderbuch zum Lesenlernen)
ISBN 3-473-33398-0

Die Schreibweise entspricht den Regeln der neuen Rechtschreibung.

1 2 3 4   01 00 99 98

© 1998 Ravensburger Buchverlag
Illustrationen: Dagmar Geisler · Text: Rosemarie Künzler-Behncke
Redaktion: Karin Amann · Printed in Germany
ISBN 3-473-33398-0